ÉLOGE FUNÈBRE

DE

MONSIEUR JULES-FRANÇOIS-JOSEPH DU PRE

DE SAINT-MAUR

CHEVALIER DE LA LÉGION D'HONNEUR ET DU SAINT-SÉPULCRE,
PRÉSIDENT DE LA SOCIÉTÉ DE SECOURS MUTUELS D'ORAN,
ANCIEN PRÉSIDENT DU CONSEIL GÉNÉRAL D'ORAN, ETC.

Prononcé a Arbal le 22 octobre 1877

PAR LE P. POLLARI

De la Compagnie de Jésus

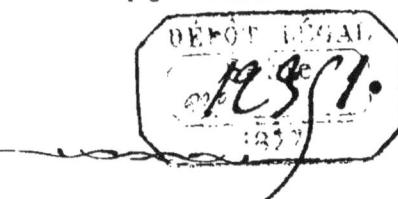

PARIS-AUTEUIL

IMPRIMERIE DES APPRENTIS CATHOLIQUES — ROUSSEL
40, rue La Fontaine, 40

—

1878

> Il n'est pas de plus grande charité que de donner sa vie pour ceux qu'on aime. (Jean, c. xv, 13.)

Mes Frères,

Un coup bien douloureux nous a frappés. Monsieur Jules du Pré de Saint-Maur n'est plus! Les desseins de Dieu ne peuvent être que des desseins de miséricorde, adorons-les avec soumission, et baisons la main qui nous afflige.

Voici la dépouille mortelle de cet homme de bien, chers habitants d'Arbal et de Famzourah. Voici les restes inanimés de celui qui a été un père pour vous, et qui s'est dévoué à vos intérêts.

Etranger de naissance, peu habitué aux délicatesses de la langue française, je devrais céder à d'autres la parole; mais, conduit par la Providence au milieu de vous, je me permets de déposer sur cette tombe l'expression de mon estime et de ma douleur.

Monsieur du Pré de Saint-Maur, issu d'une noble famille de Berry, élevé par une mère chrétienne, fit ses études sous la direction de maîtres éminents. C'étaient messieurs de Salinis, Gerbet et de Scorbiac, qui rendaient à la maison de Juilly son ancien éclat.

Il eut encore le bonheur de s'allier à une illustre famille de Béarn en épousant Mademoiselle Clémence de Laussat, dont vous connaissez les qualités et les vertus.

Homme de talent, il fit admirer son esprit et ses connaissances, surtout dans cette question tant débattue et si difficile de la colonisation algérienne.

Homme de devoir et de dévouement, il exerça la charité chrétienne; et on peut dire que c'est là le caractère distinctif de sa noble existence.

Où avait-il puisé ces généreux sentiments? Sans doute, dans les leçons et dans les exemples de sa pieuse et excellente mère, qui, pour développer en son âme les nobles aspirations que Dieu y avait placées, le conduisait avec elle au chevet des malades et des mourants; mais surtout dans son voyage en Terre-Sainte, lorsque, jeune encore, il alla prier auprès du tombeau de Notre Sauveur. Ce qui le prouve, c'est la vénération profonde avec laquelle il gardait les reliques et les souvenirs des Saints-Lieux; ces paroles émues si souvent tombées de ses lèvres, quand il s'agissait de ses décorations : « La plus chère et la plus précieuse pour moi est celle du Saint-Sépulcre. »

Aussi, dès cette époque, n'aspira-t-il qu'à faire partie des sociétés et des associations ayant pour but de soulager les malheureux.

Il fut l'un des premiers membres de la conférence de Saint-Vincent-de-Paul, qui s'établissait à Paris.

Il fonda à Oran la société de secours mutuels, dont il fut toujours président, et dans laquelle il introduisit certaines pratiques religieuses, pour lui donner le cachet d'une association chrétienne.

Il devint le consolateur et le père des pauvres et des affligés. Oh! que de larmes ont été versées à la triste nouvelle de sa mort!!!

Pardonnez-moi si je passe rapidement sur ces actes de charité et de dévouement; je veux m'arrêter sur la grande œuvre de la colonisation, si chère à son cœur, et dans laquelle sont engagés tous vos intérêts.

Le goût des grandes entreprises qui, dans les premières années de la jeunesse, avait conduit Monsieur de Saint-Maur jusqu'au cap Nord, lui fit rechercher l'autorisation de suivre les premières expéditions qui ont assuré la conquête de la province d'Oran.

Le brave et célèbre général de Lamoricière, ayant bien vite connu le noble cœur et l'énergie du cher défunt, lui dit un jour : « Vous seul, monsieur de Saint-Maur, vous seul pouvez vous mettre à la tête de cette colonie, et la faire marcher dans la voie du progrès et de la civilisation. » Ces paroles trouvèrent un écho dans le cœur de celui qui l'entendait, et furent comme une étincelle qui alluma la flamme d'un dévouement inaltérable à cette grande cause. Les obstacles, les difficultés de toute nature qui se dressaient alors devant lui, exaltaient son courage au lieu de l'abattre. Il entreprit des voyages lointains, il brisa les liens qui l'attachaient au sol natal, à sa famille et à ses amis, pour s'établir dans ces contrées, et mettre au service de la colonie algérienne ses talents, ses connaissances, sa fortune et, on peut le dire, son existence. Mon Dieu! quelles souffrances n'a-t-il pas endurées! quelles privations! quels travaux n'a-t-il pas supportés dans les commencements!

Et pourtant, ce n'était pas pour se créer une fortune; ce n'était pas une question d'intérêt personnel. Non, ce noble et généreux cœur songeait à la patrie. La prospérité de l'Algérie, le développement de la colonisation, l'honneur de la France : tel était le but de ses efforts et de ses travaux, le rêve, pour ainsi dire, de sa vie.

Ecoutez les paroles qu'il adressait, il y a quelques

années, au Conseil général d'Oran : « Le marin, disait-il, par les exigences de sa carrière, demeure en dehors de la vie politique, et cependant il sert activement la patrie; le colon, lui aussi, séparé de la mère-patrie, peut se comparer au marin, et se croire non moins utile. Se dévouer au développement de la colonisation me semble une tâche assez belle, assez patriotique pour que j'en fasse l'honneur de ma vie, le but unique de mes efforts. Depuis vingt-cinq ans, je n'appartiens qu'à l'Algérie; je suis colon, et je ne veux être autre chose; » langage élevé et plein de franchise, qui nous peint au naturel cette âme loyale et généreuse.

Mais il avait compris que tout progrès matériel est peu solide, si la religion ne vient le consacrer. C'est pourquoi il n'oublia jamais les intérêts religieux des colons. C'est lui qui a fait bâtir cette chapelle, et l'a pourvue de tout ce qui est nécessaire au culte. C'est lui qui, par son exemple et par ses paroles, vous encourageait à remplir vos devoirs de chrétiens, à venir assister à toutes les cérémonies de l'Eglise.

Or, après tant d'années de sacrifices et de souffrances, qu'a-t-il recueilli? quelle a été sa récompense?

Je serais l'ennemi de la vérité, et je croirais manquer à mon caractère sacré, si je vous disais que Monsieur de Saint-Maur a trouvé toute la reconnaissance due à ses bienfaits.

Le 9 avril 1865, époque où les esprits étaient moins agités et plus équitables, des représentants de toutes les classes de la société, des membres du Conseil général et du Conseil municipal, de la Chambre d'agriculture, du Tribunal et de la Chambre du commerce, des notabilités et de simples cultivateurs en blouse se sont présentés, au nombre de plus de deux cents, pour lui offrir, comme témoignage d'estime et de sympathie, un objet d'art, une grande coupe d'onyx de Aïn-Fekbalek.

« La sympathie des populations, lui disait alors Monsieur Calmels, l'un des membres de la Commission directrice, la sympathie des populations n'est point une œuvre de commande, elle est toujours la légitime récompense de ceux qui s'appliquent à faire triompher le progrès. Votre dévouement incessant à la cause de l'Algérie, disons plus, à la cause de la civilisation, vos immenses sacrifices comme colon, votre indépendance et votre fermeté dans l'exercice des épineuses fonctions de Président de notre Conseil général, sont autant de titres que vous vous êtes acquis à l'estime et à la reconnaissance des colons de la province d'Oran..... »

« Il y a vingt ans, ajouta Monsieur Lescure, négociant et membre de la Chambre d'agriculture, que vous êtes venu, pionnier hardi, planter votre tente au milieu de ce pays, dont la barbarie disputait encore par les armes l'accès à la civilisation. Vous y êtes venu comme poussé, non par les nécessités de la fortune, votre fortune était faite; non avec une mission gouvernementale ou officielle, amenant après elle les honneurs; mais poussé par cette puissance secrète que Dieu exerce sur les hommes dont il veut se servir pour faire le bien; et depuis vingt ans, au milieu de tant d'autres qui ont cédé à la lassitude, aux faiblesses humaines, aux intérêts, aux ambitions, vous, vous n'avez point failli à votre tâche, vous êtes resté toujours sur la brèche, remplissant tour à tour, et avec un égal honneur, le rôle modeste de soldat, ou celui plus brillant de capitaine; mais, et c'est là votre plus beau titre, quel qu'ait été votre rôle, vous l'avez toujours rempli en homme de cœur et en homme de bien. Aussi la sympathie, l'estime, la reconnaissance publique vous sont acquises, et nous avons tenu à vous en donner un témoignage public..... Recevez, disait-il en terminant, recevez comme gage de toute notre sympathie et de notre gratitude, cette coupe que vous offre la colonie. Puissiez-vous trouver, dans les sentiments qui ont dicté notre démarche, une compensation à vos ennuis comme à vos sacrifices, et, s'il en était besoin, un encouragement pour l'avenir..... »

Je ne finirais jamais, M. F., si je voulais vous retracer tout ce qui a été dit et tout ce qui a été fait pour adoucir ses peines, pour exalter sa fermeté, sa franchise, sa loyauté dans la cause de la colonisation, pour récompenser sa vertu, son abnégation, son dévouement et sa charité.

Mais je me demande (et je vous soumets cette réflexion), je me demande si l'offrande de cette coupe n'avait pas une signification providentielle.

N'était-ce pas une coupe d'amertume et d'adversité ? Hélas ! que de fois Monsieur de Saint-Maur y a trempé ses lèvres ! que de fois il a goûté le fiel de l'ingratitude !!! Ah ! la seule et digne récompense de ses peines et de ses travaux, il ne pouvait pas l'attendre de la main des hommes, faibles et inconstants, il ne devait la recevoir que de la main de Dieu tout-puissant et souverainement juste.

Monsieur de Saint-Maur, après avoir sacrifié sa fortune, avait encore un sacrifice à faire, celui de sa vie.

Atteint d'une maladie qu'il avait contractée en Algérie, au lieu de prolonger son séjour à Paris, où son état de santé et de graves intérêts de famille semblaient devoir le retenir impérieusement, il préféra revenir à Arbal, au milieu de vous, pour mettre la dernière main à toutes ses bonnes œuvres, et en assurer la durée.

Mais à peine est-il débarqué sur le sol africain, que la maladie s'aggrave. On lui conseille de retourner en France : « Non, répond-il, je veux rester à Arbal, où je désire achever ce que j'ai commencé. » Hélas! ses jours étaient comptés, sa dernière heure allait sonner.

Dieu, qui n'abandonne jamais celui qui a exercé la charité fraternelle, lui envoya notre vénéré Pontife, Monseigneur l'Évêque d'Oran, pour consoler son agonie, lui donner le pain de vie et le fortifier par les onctions sacrées.

Et moi, après avoir récité les dernières prières de l'Eglise, au milieu des larmes et des sanglots de ceux qu'il aimait tendrement, et qui payaient son affection d'un si juste retour, j'ai reçu son dernier soupir.

Elle s'est envolée au ciel, cette âme noble et généreuse, et nous pleurons cette séparation qui nous laisse des regrets inconsolables.

Je suis étranger dans cette colonie française; mais j'ai été témoin de tout ce que Monsieur de Saint-Maur a fait pour ce pays, j'ai reçu de nombreuses marques de son amitié et de sa bonté, et je garderai fidèlement son cher et doux souvenir. J'aimerai à redire comment il a élevé une nombreuse famille, non-seulement dans les sentiments les plus religieux, mais encore les plus patriotiques, encourageant lui-même et guidant au combat ses deux jeunes fils en ces jours calamiteux du siége de Paris. Je rappellerai volontiers comment il a méprisé les honneurs et tout ce qu'il pouvait attendre du suffrage populaire, pour conserver intactes ses convictions religieuses.

Et vous, habitants d'Arbal, consolez-vous ! Les restes mortels de votre père et de votre bienfaiteur reposeront au milieu de vous. Vous parlerez souvent à vos enfants de cet homme aux pensées élevées, au cœur bon et généreux, et vous leur apprendrez que s'il a été grand dans la vie, c'est parce qu'il a tout sacrifié pour Dieu, pour sa patrie et pour ses frères, car toute grandeur humaine qui n'est pas accompagnée de sentiments chrétiens, n'est qu'une grandeur apparente et mensongère.

Pour vous, illustre et pieuse famille, les larmes

sont votre partage. Vous avez raison de le pleurer. Un grand vide s'est fait au milieu de vous, l'objet le plus cher de vos affections vous a été ravi. Mais non, vous ne l'avez pas perdu entièrement. J'oubliais que je m'adresse à une famille profondément chrétienne. Vos larmes ne sont pas les larmes de ceux qui n'ont pas la foi, et qui sont privés des charmes de l'espérance. Si Monsieur de Saint-Maur n'est plus sur cette terre, son âme est dans le ciel. C'est de là, du haut de ce séjour de paix, qu'il vous regarde et qu'il vous sourit. Il continue à vous aimer.

Le sang de l'Agneau divin, qui a effacé les péchés du monde, vient de couler sur son âme, il l'a purifiée de toute souillure, et lui a permis de recevoir la récompense de ses vertus.

Espérons tous, grâce aux mérites et au sang de Jésus-Christ, le retrouver un jour, ce père, ce bienfaiteur, cet ami, dans la société des élus. Ainsi soit-il.

www.ingramcontent.com/pod-product-compliance
Lightning Source LLC
Chambersburg PA
CBHW071448060426
42450CB00009BA/2338